**Entwicklung des kreativen Potenzials von ...**

Daniela Silva

# Entwicklung des kreativen Potenzials von Kindern

## Durch die Stimulierung der Fenster der Möglichkeiten

ScienciaScripts

**Imprint**

Any brand names and product names mentioned in this book are subject to trademark, brand or patent protection and are trademarks or registered trademarks of their respective holders. The use of brand names, product names, common names, trade names, product descriptions etc. even without a particular marking in this work is in no way to be construed to mean that such names may be regarded as unrestricted in respect of trademark and brand protection legislation and could thus be used by anyone.

Cover image: www.ingimage.com

This book is a translation from the original published under ISBN 978-613-9-60319-0.

Publisher:
Sciencia Scripts
is a trademark of
Dodo Books Indian Ocean Ltd. and OmniScriptum S.R.L publishing group

120 High Road, East Finchley, London, N2 9ED, United Kingdom
Str. Armeneasca 28/1, office 1, Chisinau MD-2012, Republic of Moldova, Europe

ISBN: 978-620-7-27327-0

Monografie, die als Zulassungsvoraussetzung für den Postgraduiertenkurs in Neuropädagogik an der Universität Estácio de Sá unter der Leitung der Fachprofessorin Raquel Fernandes Batista vorgelegt wurde.

**GOIÂNIA-GO**

**2015**

**Neuroedukation**

Daniela Silva dos Santos

**Entwicklung des kreativen Potenzials von Kindern durch Stimulierung der "Windows of Opportunity**

Monographie, die an der Universität Estácio de Sá als Voraussetzung für die Erlangung des Titels eines Spezialisten für Neuropädagogik vorgelegt wurde.

# ABSTRACT

Das Thema "Entwicklung des kreativen Potenzials von Kindern durch Stimulierung des Gelegenheitsfensters" ist eine Literaturübersicht, die sich an Fachleute aus den Bereichen Bildung und Neurowissenschaft richtet. Sie wurde entwickelt, um zu zeigen, wie das kreative Potenzial von Kindern in den sensiblen Phasen der Neuroplastizität entwickelt werden kann. Die vorliegende Arbeit reflektiert die Rolle von Gelegenheitsfenstern beim Lernen von Kindern und stellt praktische Beispiele für Stimuli vor, die das Lernen in der Kindheit bereichern können. Die Forschung präsentiert relevante Themen wie Neuroplastizität, Praktiken des Neuro-Lernens in der Kindheit, Neuropädagogik & Kreativität und sensible Lernphasen in der kindlichen Entwicklung.

Es ist bekannt, dass während der kritischen Neuroplastizität die Gehirnfenster des Kindes anfälliger für Veränderungen sind, und aus diesem Grund sind eine anreizbasierte Erziehung sowie Herausforderungen beim täglichen Lernen für den Erwerb neuer Kenntnisse und Fähigkeiten von wesentlicher Bedeutung. Kreativität ist eine kindliche Eigenschaft, die in den sensiblen Phasen des Lernens durch die Neuroplastizität effektiver gefördert wird, und zwar so, dass jeder neue Reiz oder jede neu erworbene Erfahrung zu neuen Gehirnverbindungen und damit zu anderen Fähigkeiten führt. Die Theorie der multiplen Intelligenz von Howard Gardner bietet eine Reihe von spielerischen Aktivitäten, die die verschiedenen Intelligenzen des Gehirns stimulieren, um das Kreativitätspotenzial des Kindes zu fördern.

In der Monographie wird in einfacher und praktischer Sprache dargelegt, was Neuropädagogik für Kinder ist und wie sie im Lernumfeld angewendet werden kann, um die Lehrstrategien im Klassenzimmer oder zu Hause zu verbessern. Darüber hinaus wird ein praktischer Leitfaden mit Übungen vorgestellt, die das Konzept der multiplen Intelligenz und der Neuropädagogik miteinander verbinden. Die Anwendung der Neuropädagogik im schulischen Umfeld unterstreicht die Bedeutung eines flexiblen akademischen Lehrplans, der die multiple Intelligenz der Schüler und die einzelnen Lernstile berücksichtigt.

**Schlüsselwörter: Kind, Neuroplastizität, Kreativität, Kindheit, Lernen, Neuropädagogik.**

# Inhalt

Ich danke Gott für das Leben und für die Möglichkeit, diese Arbeit für die pädagogischen Fachkräfte und die akademische Gemeinschaft zu entwickeln. Meinem geliebten und begleitenden Ehemann Paulo Roberto für die Geduld, Unterstützung und Anreize, die er mir immer gegeben hat. An die New Heights Educational Group, mit besonderem Dank an Pamela Clark für die pädagogische Unterstützung und Aditi Chopra für das Korrekturlesen dieser Arbeit.

# Einführung

Das Thema Entwicklung des kreativen Potenzials von Kindern durch Stimulierung des Gelegenheitsfensters wurde durch eine explorative Literaturrecherche ausgewählt, bei der Strategien und Beispiele für Spielaktivitäten gesammelt wurden, um zu zeigen, wie es möglich ist, das kreative Potenzial von Kindern während kritischer Lernphasen zu entwickeln. Während dieser kritischen Perioden sind die Gehirnfenster des Kindes sensibler und empfänglicher für die Aufnahme von Umweltreizen.

In der frühen Kindheit beginnt das Kind, die ersten sensomotorischen Fähigkeiten zu entwickeln und über die Sinne mit der Umwelt zu interagieren. In dieser Phase sind die ersten Entdeckungen, Bewegungen, Geräusche, Farben, Formen, Texturen und Geschmäcker für das Kind entscheidend. Dies ist eine Phase intensiver neuronaler Entwicklung, die als kritische Neuroplastizität bekannt ist. Das Gehirn des Kindes ist empfänglicher und sensibler für Interaktionen mit der Umwelt und kann aufgrund der Öffnung seiner Gehirnfenster neue Verbindungen zu jedem neuen Reiz und jeder Lerninteraktion herstellen.

Eine anregungsbasierte Erziehung ist von entscheidender Bedeutung für die Förderung der Fähigkeiten und Potenziale des Kindes, einschließlich des kreativen Denkens. Dies ist eine sehr präsente Fähigkeit im kindlichen Universum, die sich leicht in spielerischen Aktivitäten, Sprache und Kommunikation, in der Kunst und im Gebrauch der Phantasie und des freien Ausdrucks beobachten lässt.

Kreativität ist eine Fähigkeit, die durch pädagogische Praktiken wie spielerische Aktivitäten und künstlerische Produktionen entwickelt werden kann, vor allem aber durch die Aufwertung der Erfahrungen und des Gelernten, die das Kind zum Ausdruck bringt.

Die Vielfalt der Umweltreize findet sich in der Forschung von Howard Gardner in der Theorie der multiplen Intelligenz wieder, die acht Arten von Intelligenz (logisch-mathematische, sprachliche, musikalische, räumliche, kinästhetische, inter- und intrapersonale und naturalistische Intelligenz) beschreibt, die sich auf verschiedene Regionen des menschlichen Gehirns verteilen. Wenn diese Intelligenz stimuliert wird, wird das Gehirn des Kindes herausgefordert, neue Verbindungen werden gebildet und verschiedene Fähigkeiten und Kompetenzen werden ausgeführt. Das menschliche Gehirn ist aufgrund seiner Plastizität in der Lage, seine Struktur und Funktionalität an jede neue Erfahrung oder Situation anzupassen.

Kreativität, wenn sie auf der Grundlage der Neuroplastizität entwickelt wird, ermöglicht es dem Kind, neue Hypothesen für neues Lernen und neue Entdeckungen zu planen und zu entwickeln, um das plastische Potenzial des Gehirns zu entwickeln und voll auszuschöpfen. Darüber hinaus trägt die kreative Fähigkeit zur Förderung einer Reihe anderer Fähigkeiten bei, die sowohl in der Kindheit als auch im Erwachsenenalter wichtig sind.

"Die Beiträge sind zahlreich und alle haben ihre Berechtigung, denn Kreativität ist ein dynamisches und wandelbares Konzept, das sich je nach Wissensgebiet, akademischer Ausbildung des Theoretikers/Forschers, dem Moment, der Zeit, dem Umfeld, der Gesellschaft, der Kultur und vor allem dem Individuum verändert" (ROCHA, 2014, S.176-177).

Aus der Entwicklung der Forschung ergab sich das folgende Problem: "Wie kann das kreative Potenzial eines Kindes durch die Stimulierung des Gelegenheitsfensters entwickelt werden?". Die Fragestellung zielt darauf ab, zu untersuchen, wie das kreative Potenzial von Kindern entwickelt werden kann, indem praktische Beispiele für Stimuli aus der Theorie der multiplen Intelligenz herangezogen werden und die Rolle der Gelegenheitsfenster in der kindlichen Entwicklung überdacht wird.

Um das aufgeworfene Problem zu klären, besteht die Arbeit aus drei Teilen, wobei im ersten Teil definiert wird, was Neuroplastizität bei Kindern ist, wie sie sich entwickelt und wie sie durch Howard Gardners Theorie der multiplen Intelligenz stimuliert werden kann.

Im zweiten Punkt wird die Bedeutung des neurologischen Lernens in der Kindheit hervorgehoben, wobei die Rolle von Gelegenheitsfenstern beim Lernen von Kindern betont wird.

Schließlich wird im dritten Themenbereich die Beziehung zwischen Neuropädagogik und Kreativität hervorgehoben, und es wird aufgezeigt, auf welche Weise es möglich ist, das kreative Potenzial von Kindern in kritischen Lernphasen inmitten einer kreativen Umgebung zu entwickeln.

# KAPITEL 1

## Neuroplastizität bei Kindern

### 1.1 Was ist Plastizität des Gehirns und wie entwickelt sie sich beim Kind?

Neuroplastizität oder Gehirnplastizität ist die Fähigkeit des Gehirns, sich mit jeder neuen Erfahrung oder jedem neuen Lernen zu verändern. Dieses neue Lernen findet im Zentralen Nervensystem (ZNS) statt, das die neuen Informationen aufnimmt und verarbeitet und so das Leben des Lernenden durch neues Wissen verändert und ihn besser an seine Umwelt anpasst.

Anpassung ist ein Merkmal der Neuroplastizität, das sich im Verhalten und in den Fähigkeiten des Kindes bemerkbar macht. In dem Maße, in dem es durch den Kontakt mit der Umwelt neues Lernen praktiziert, ist sein Gehirn in der Lage, Veränderungen in den neuronalen und sozialen Strukturen zu entwickeln, wie NUNES hervorhebt:

"Der Mensch lebt also durch strukturelle Anpassungen, sei es zerebral (durch Plastizität) oder verhaltensmäßig (durch Lernen). Die Veränderungen, die durch die äußere und innere Umgebung (Interaktionsaktivitäten, sogar durch Verletzungen) hervorgerufen werden, beeinflussen die Routine der neuronalen und sozialen Umgebung, indem sie zum einen Furchen im Gehirn und zum anderen Lernen hervorrufen" (Nunes, 2014, S. 109).

In praktischer Hinsicht verändert das Gehirn durch Neuroplastizität seine Struktur und Funktionsweise als Ergebnis neuen Lernens. Das bedeutet, dass die neuronalen Verbindungen eine modellierende Funktion haben, d. h. sie verändern sich und passen sich an die gemachten Erfahrungen und Reize an.

Der Prozess der Plastizität des Gehirns verläuft nicht bei allen Menschen gleich, da Faktoren wie die Exposition gegenüber Reizen, biologische Faktoren, die Einnahme von Medikamenten, die Ausübung von Übungen, Lernübungen und das Einüben einer neuen Fähigkeit berücksichtigt werden.

Im schulischen Umfeld hat das Kind die Möglichkeit, neue Fähigkeiten und Fertigkeiten kennenzulernen und zu entwickeln, da es im Klassenzimmer verschiedenen Reizen und pädagogischen Praktiken ausgesetzt ist. Die Ermutigung des Kindes, durch jede Lernerfahrung neue Fähigkeiten zu entwickeln, trägt zur Bildung neuer Synapsen bei. Aus diesem Grund ist es wichtig, dem Kind eine Vielfalt an Farben, Geschmäckern, Texturen, Klängen und Sinneseindrücken zu bieten, da sein Gehirn aufgrund der Plastizität in ständiger Interaktion mit der Umwelt steht.

Ein pädagogischer Lehrplan, der das Thema der Plastizität des Gehirns widerspiegelt, berücksichtigt nicht nur die Lehrmethode und den Lerninhalt, sondern auch die Art und Weise, wie das Gehirn dieses Lernen verarbeitet und organisiert und wie die Schüler auf Reize reagieren, denn während des Wissenserwerbs in der Gehirnregion werden Millionen von Neuronen neu angeordnet, wodurch vielfältige Möglichkeiten der Reaktion auf die Umwelt entstehen.

Lernen wird durch die Muster der neuronalen Aktivität konzipiert, so dass alle im Gehirn erworbenen Kenntnisse oder Erfahrungen die Bildung und Stärkung der neuronalen Verbindungen anregen, die für die Konsolidierung der Kompetenzen im Leben einer Person unerlässlich sind.

Der Lernprozess ist eng mit der Funktionsweise des Gehirns verbunden, da durch die Arbeit der Neuronen Wissen aufgebaut und neue Fähigkeiten erworben werden, was zu Veränderungen in der Gehirnregion und in den Anpassungsfähigkeiten des Einzelnen führt.

Die Menge der Informationen, die ein Kind durch Reize erhält, ist wichtig, damit das Gehirn sie durch Assoziationen oder Analogien mit anderen bereits gespeicherten Informationen in Verbindung bringen kann. Wenn das Gehirn neue Informationen aufnimmt, versucht es, diese mit den situativen Erfahrungen im Zusammenhang mit dem Lernereignis zu verknüpfen, was den Wissenserwerb angenehmer und effizienter macht. Auf diese Weise werden die neuen Informationen vom Organ erfasst und mit dem Vorwissen des Kindes verknüpft, so dass in einem integrierten und ganzheitlichen Prozess neue Kenntnisse zu den bereits erworbenen hinzugefügt werden.

Das Gehirn muss verschiedene Reize erhalten, um ein neues Konzept zu konstruieren, wohingegen, wenn der Reiz immer derselbe ist, das (Gehirn-)Organ sich daran gewöhnt und somit aufhört, denselben Reiz zu erfassen. Das Lernen wird in der Tat wirksam, wenn neben der Wiederholung auch die Intensität und die Darbietung dieses Reizes verändert werden, und das Vorhandensein einer mit Emotionen und Motivation verbundenen Komponente ist von großem Wert. Für die Entwicklung dieses Prozesses ist es von entscheidender Bedeutung, dass Eltern und Erzieher die Neugier auf Wissen fördern, indem sie Kreativität und abwechslungsreiche Aktivitäten nutzen, die bei den Schülern Spannung und Freude erzeugen:

"Der Lehrer muss also Mittel einsetzen, die es dem Schüler ermöglichen, die Dinge, die er lernt, zu fühlen. Er muss dann einen Weg finden, seinen linken präfrontalen Lappen zu stimulieren, um sein emotionales Wohlbefinden zu optimieren" (CHABOT und CHABOT, 2005: 131).

Die Kreativität, die mit der emotionalen Komponente verknüpft ist, führt zu bedeutenden Veränderungen und Reaktionen im Kind, die in ihm den Wunsch nach Wissen und das ständige

Bedürfnis zu lernen hervorrufen. Auf dieser Grundlage muss das Lernen Emotionen und Bedeutung für das Kind schaffen, seine Neugierde anregen und das Gehirn bei der Suche nach differenzierten Antworten durch die von der Umgebung und der Schulgemeinschaft angebotenen Reize herausfordern.

Lernen ist das Ergebnis der Aneignung von Wissen durch den Austausch von Informationen über Synapsen, die die Weiterleitung (dieser Informationen) zwischen Neuronen regeln und so effizientere Verbindungen herstellen. Ein gefestigtes Lernen ist in der Lage, Veränderungen in der physischen Struktur der Neuronen zu bewirken und die Gehirnchemie zu verändern, wodurch sich die Fähigkeit zu denken, zu argumentieren, zu urteilen und auf Einstellungen und Verhaltensweisen zu reagieren, erheblich verändert.

Die Plastizität ermöglicht es dem Gehirn, aufgrund jeder neuen Erfahrung oder jedes neu erlernten Konzepts Anpassungen (Verbindungen) mit anderen Neuronen vorzunehmen, wodurch das Gehirn noch funktioneller und aktiver wird. Die Neuroplastizität ermöglicht nicht nur die Neuordnung neuer Daten, sondern auch die Wiederherstellung verlorener Funktionen bei schweren Hirnverletzungen (aufgrund eines Unfalls) durch die Schaffung neuer neuronaler Netze, die an die Stelle der verletzten oder fehlenden treten. So der Bildungsexperte Celso Antunes:

"Neuroplastizität ist die Fähigkeit des Gehirns, sich zu verändern, wenn es durch Herausforderungen stimuliert wird, oder das Potenzial der verbleibenden Bereiche des Nervensystems, die Aufgaben zu übernehmen, wenn eine bestimmte Region beschädigt ist. Der Mensch hat also die Möglichkeit - wenn nicht sogar die Gelegenheit - Teile des Nervensystems zu erforschen, die unter normalen Umständen für bestimmte Zwecke nicht mobilisiert werden würden" (ANTUNES, 2013a, S.12).

Wie der menschliche Körper unterliegt auch das Gehirn im Laufe der Zeit einer Abnutzung. Der Unterschied besteht darin, dass dieses Organ durch das Vorhandensein von Reizen erneuert und verändert werden kann. Diese Reize beziehen sich auf die intellektuellen Fähigkeiten, zu lesen, zu studieren, zu rechnen, Probleme zu lösen und sich neuen Herausforderungen zu stellen, also Aktivitäten, die das Gehirn aktiv halten.

Es ist wichtig zu betonen, dass das Gehirn jedes Einzelnen seine eigene Funktionsweise und Entwicklung hat, wobei Faktoren wie neuronale Reife, Qualität und Quantität der Lernanreize, Wachstums- und Entwicklungsmöglichkeiten, die dem Kind geboten werden, berücksichtigt werden.

So wie es unterschiedliche Fächer gibt, gibt es auch für jedes Kind unterschiedliche Lernstile, die bei jedem Lernenden zu unterschiedlichen Zeiten auftreten können, ausgelöst durch unterschiedliche Reize für jedes Individuum, abgegrenzt in seinen Gehirnaktivitäten:

"Diese Unterschiede sind alle in ihren neurozerebralen Aktivitäten zu finden. Es gibt einen chemischen Pfad im Gehirn, der jede von unseren Schülern ausgeführte Handlung aufrechterhält und operationalisiert" (ALMEIDA, 2014a, S.44).

Während das Kind geboren wird und sich in Interaktion mit der Umwelt entwickelt, entstehen Erfahrungen und Bedürfnisse, die vom Gehirn wirksame Antworten von den Neuronen verlangen, die durch die Herstellung neuer Verbindungen auf die spezifischen Aufgaben des menschlichen Körpers reagieren, wie z. B.: Krabbeln, Gehen, einen Gegenstand erreichen, Sprechen, Laufen usw. Das heißt, je mehr Reize und Erfahrungen das Kind erfährt, desto mehr Verbindungen werden in seinem Gehirn gebildet. Diese Verbindungen sind in der Lage, sich je nach den Erfahrungen eines jeden Menschen zu verändern und immer komplexere Verbindungen zu bilden, was zur Entwicklung und Verbesserung von Wissen und Fähigkeiten führt:

"Während das Fehlen einer angemessenen Stimulation die Gehirnzelle zum Verschwinden bringt, schafft ein reichhaltiges Angebot an komplexen und wohltemperierten Erfahrungen starke neuronale Synapsen sowie neue Verzweigungen und Verbindungen, die keimen werden. All dies macht die Verbindungen komplexer und führt folglich zu größeren Fähigkeiten oder Kenntnissen in Bezug auf den stimulierten Bereich" (ALVARENGA, 2007, S.169).

## 1.1.1 Die Neuroplastizität in der Anregung der Intelligenz

Das Gehirn ist in der Lage, Reize zu erkennen und darauf zu reagieren, und zwar durch menschliche Kognition, die ein wesentlicher Bestandteil der Intelligenz ist. Bei der Intelligenz geht es um die Fähigkeit, Konzepte zu lernen und zu verstehen, Probleme zu lösen und Strategien zu entwickeln, die mit den Bedürfnissen des Einzelnen verbunden sind, um sie an die Realität und die Gesellschaft, in der er lebt, anzupassen.

Das Konzept der Intelligenz wurde durch Howard Gardners "Theorie der multiplen Intelligenz" modifiziert, die das Konzept auf die Idee zurückführt, dass jeder Mensch eine multiple Intelligenz aufweist, die Fähigkeiten im logisch-mathematischen Denken, in der Linguistik, in der Musik, im räumlichen Vorstellungsvermögen, in der kinästhetischen Fähigkeit, in den zwischenmenschlichen und intrapersonellen Fähigkeiten und in den naturalistischen Fähigkeiten umfasst. Dem Theoretiker zufolge lässt sich dies nachweisen, wenn eine Person einen Unfall erleidet und einen Teil des Gehirns verletzt, wobei sich die Folgen nur in einigen Regionen des Organs zeigen. Wäre die menschliche Intelligenz also eine einzige, würden die Folgen das gesamte Gehirn umfassen und nicht nur einen Teil davon.

Wenn man die Theorie der multiplen Intelligenz auf den Unterricht überträgt, kann man verstehen, warum manche Kinder Fähigkeiten und Fertigkeiten beim Lösen von numerischen Berechnungen und mathematischen Ausdrücken haben, während sie in anderen Fächern wie Geschichte und Geografie Schwierigkeiten haben. Andere zeigen Erfolg und eine große Leichtigkeit bei der Ausübung von Sport und Körperübungen, während andere Geschicklichkeit beim Spielen eines Instruments und beim Komponieren von Melodien zeigen.

Es ist wichtig, darauf hinzuweisen, dass die nicht stimulierte Intelligenz dazu neigt, geschwächt zu werden, und das Kind wahrscheinlich die Fähigkeit und Beherrschung dieser Intelligenz verliert.

Die Rolle des Erziehers besteht daher darin, die individuellen Fähigkeiten der Schüler zu beobachten und ihre herausragendste Intelligenz durch Aktivitäten zu stimulieren, die ihre jeweilige Intelligenz in Betracht ziehen. Die Kenntnis der vorherrschenden Art der Intelligenz des Schülers ist entscheidend, um sie zu verbessern.

Der einfühlsame und beobachtende Lehrer ist in der Lage, sowohl die Motivatoren als auch die Schwierigkeiten seiner Schüler zu erkennen und die Rolle eines Moderators im Lehr- und Lernprozess zu übernehmen, da er ihnen helfen kann, Ängste und Barrieren in Bezug auf bestimmte Inhalte oder Disziplinen zu überwinden. Es ist wichtig zu beachten, dass negative Emotionen die kognitiven Funktionen, die für Aufmerksamkeit, Konzentration, Gedächtnis und Denkvermögen verantwortlich sind, negativ beeinflussen.

Die Wiederholung von Aktivitäten mit unterschiedlicher Intensität und Geschwindigkeit stimuliert beim Kind die Entwicklung von Wissen und Fähigkeiten und regt das Gehirn an, anders zu denken, aus einer neuen Perspektive, mit verschiedenen Strategien und Formen, um das gleiche Problem zu lösen.

Die Auswahl und Planung von Aktivitäten, die das Lernen des Kindes anregen, entwickeln und positiv verändern, sollten das logische Denken, das operative Denken und das Lösen von Problemen anregen, wie im Fall von Spielen und praktischen Aktivitäten mit Zeit- und Geschwindigkeitsvariationen:

"Die effizientesten Stimuli für die Entwicklung der menschlichen Intelligenz sind Herausforderungen, d.h. Vorschläge, die die Suche nach einer Antwort beinhalten und in diesem Sinne die Neuronen in Aktion versetzen" (ANTUNES, 2013b, S.34).

Wenn man das Gehirn mit dem menschlichen Körper vergleicht, entwickelt und verbessert sich unsere physische Struktur, wenn wir uns mit Aktivitäten beschäftigen, die in Rhythmus und Häufigkeit variieren. Ähnlich verhält es sich mit dem menschlichen Gehirn: Es verbessert sich in seinem Engagement und seiner Nutzung, wenn es mit immer anspruchsvolleren geistigen Aktivitäten mit abgestuften Schwierigkeitsgraden trainiert wird.

Die Lernerfahrungen, die das Kind macht, sind entscheidend für die Entwicklung von Kompetenzen in den Bereichen Kommunikation, Gedächtnis, Aufmerksamkeit und kreatives Denken.

Wenn der Lehrer die Talente und Fähigkeiten jedes einzelnen Schülers erkennt, hat er die Möglichkeit, verschiedene pädagogische Formen und Strategien zu entwickeln, um die vorherrschende Intelligenz (oder Kompetenzen) der Schüler zu verbessern.

Ausgehend von Gardners Konzept der multiplen Intelligenz ist es möglich, die Fähigkeiten eines jeden Schülers (sowohl innerhalb als auch außerhalb der Schule) durch spielerische und geistige Aktivitäten zu fördern, um das plastische Potenzial des kindlichen Gehirns zu stimulieren:

- Sprachliche Intelligenz: Sie besteht in der Fähigkeit, die gesprochene und geschriebene Sprache zu verstehen und leicht zu beherrschen.

*Geschichten erzählen* - Erweitern Sie das kulturelle Repertoire und den Wortschatz des Kindes, indem Sie ihm Geschichten erzählen und es dazu anregen, sie nachzuerzählen. Sprechen Sie darüber, was ihr am Ende gefallen hat, was sie am meisten genossen hat (und was nicht), und was sie an der Geschichte ändern würde, wenn sie die Autorin der Geschichte wäre.

*Gesungenes Wort* - das Kind spielt mit Reimen und Klängen durch gesungene Wörter und hat Spaß an verschiedenen Intonationen und Rhythmen durch Musik. Diese Übung fördert die Aufmerksamkeit und die Konzentrationsfähigkeit und verbessert durch die Wiederholung der gesungenen Wörter die Gedächtnisleistung.

*Kinobesuch* - Wählen Sie gemeinsam mit dem Kind einen Film aus, der seiner Entwicklung und seinem Alter entspricht, und planen Sie einen Kinobesuch. Sprechen Sie mit dem Kind über Werte, Figuren, Fakten und Ideen, die im Film dargestellt werden. Der Kontakt mit Bildungsmedien und Lehrfilmen fördert die Vorstellungskraft (Kreativität), das Sprachrepertoire und das kritische Denken des Kindes.

*Sätze bilden* - die Lehrkraft oder der Tutor kann nach dem Zufallsprinzip ein Wort auswählen (aus einer Buchgeschichte, die das Kind gerade liest oder lernt) und es auffordern, Sätze zu diesem Wort zu bilden und sie in sein Heft zu schreiben. Der Schwierigkeitsgrad (und die Herausforderung) kann dahingehend verändert werden, dass 2, 3, 4 ... oder bis zu 10 Wörter gleichzeitig gezogen werden, so dass die Sätze mit allen zusammen in einem Satz gebildet werden. Diese mentale Aktivität hat den didaktischen Zweck, das Lesen, Schreiben und kreative Denken zu fördern.

• Die logisch-mathematische Intelligenz betrifft die Fähigkeit, numerische Berechnungen und Operationen durchzuführen, Probleme zu formulieren und zu lösen.

*Numerisches Kegeln*: Das Kind hat die Aufgabe, mit Hilfe einer Kugel (aus Plastik oder Socken) so viele PET-Flaschen wie möglich umzuwerfen, um das Spiel zu gewinnen. Am Ende der Runde kann man laut zählen, wie viele Treffer man erzielt hat (von den umgefallenen Flaschen) und wie viele stehen geblieben sind. Die Berechnungen können an die Tafel geschrieben werden, zusammen mit dem Namen jedes Schülers. Das Spiel kann variiert werden, indem Begriffe wie groß, klein, viel oder wenig bearbeitet werden (wobei immer Assoziationen zwischen Zahlen und numerischen Operationen hergestellt werden).

*Domino-Logik:* An das Kind werden Dominosteine verteilt, die numerische Operationen als jeweilige Ergebnisse enthalten. Das Kind muss (wie bei herkömmlichen Dominosteinen), die Operation zusammen mit der Auflösung des Kalküls zu vereinen. Zum Beispiel: in einem Quadranten des Dominos haben wir

10X2. Auf diese Weise muss das Kind diesen Dominostein mit dem entsprechenden Ergebnis verbinden, um einen weiteren Stein zu erhalten, der die Zahl 20 hat. Die Aktivität trainiert die Konzepte des Kopfrechnens, des logischen Denkens, des Problemlösens und der Entscheidungsfindung.

*Zahlenwettbewerb:* Die Lehrkraft teilt die Klasse in 4er-Teams ein und diktiert lauthals Rechenaufgaben, die sich auf die Tabelle beziehen, z. B.: Wie viel ist 7x9? Die Teams müssen die Rechenaufgabe im Kopf beantworten und der Lehrkraft die entsprechende Antwort in Form von Gegenständen und Mengen vorlegen, die die Kinder finden müssen. Im Falle des oben genannten Beispiels müssen die Kinder der Lehrkraft beispielsweise 63 Farbstifte liefern. Mit dieser Übung sollen Aufmerksamkeit, Konzentration, Kreativität und das Aufstellen von Hypothesen gefördert werden.

*Abwechselndes Rätsel:* An einem Tisch mit 4 Mitgliedern wird ein Rätsel verteilt, damit die Gruppe es zusammensetzen kann. Auf ein Zeichen des Lehrers müssen die Teams den Tisch wechseln, wo sich ein neues Puzzle befindet. Die Kinder sollen sich weiterhin mit den verbleibenden Teilen beschäftigen. Bei dieser Aufgabe werden die Fähigkeiten der Konzentration, des logischen Denkens und des strategischen Denkens trainiert.

- <u>Musikalische Intelligenz:</u> In dieser Intelligenz hat sich die Fähigkeit manifestiert, Klänge zu unterscheiden, verschiedene Musikstile zu erkennen und musikalische Themen zu komponieren.

*Rhythmische Arbeitssklaven:* Unter Verwendung des gleichen Rhythmus und der gleichen Intonation des Liedes "Arbeitssklaven" wird das Kind herausgefordert, es zu singen, indem es den ursprünglichen Text des Liedes durch verschiedene Silben und Stimmlaute ersetzt, während es den Gegenstand in einer Hand auf die Hand des anderen Teilnehmers überträgt. Die Gegenstände können variiert werden: Streichholzschachtel, Farbstift, Papierkugel usw. Bei diesem Spiel werden die Fähigkeiten im Zusammenhang mit dem Rhythmus und der Synchronität der Bewegungen entwickelt.

*Spiel der Geräusche:* Ein Kind wird ausgewählt und muss mit verbundenen Augen die verschiedensten Geräusche identifizieren, die von der Lehrkraft angeregt werden, wie z. B. das Geräusch von Schlüsseln, zerknittertes Papier, das Klirren eines Löffels in einem Glas, das Aufprallen eines Balls auf den Boden und andere. Diese Übung soll die auditive Wahrnehmung und das Erkennen verschiedener Geräusche verbessern.

*Geräusche der Umwelt:* Eine Gruppe von Kindern wird auf einen Spaziergang durch die Nachbarschaft mitgenommen und dazu ermutigt, laut auf die Geräusche zu hören, die sie auf der Straße hören, z. B. Hupen, Vogelgezwitscher, Autos auf dem Asphalt, usw. Diese Übung hilft den Kindern, die Vielfalt der Geräusche in ihrer Umgebung wahrzunehmen und zu identifizieren.

*Den Ton verpassen:* Der Erzieher wählt ein Mitglied der Klasse aus, das mit verbundenen Augen unter allen Kindern, die gemeinsam singen, den Standort des Schülers herausfinden muss, der absichtlich den Ton des Liedes verpasst. Dieses spielerische Spiel zielt darauf ab, die auditive Sensibilisierung und das Aufspüren von Klängen zu fördern.

- *Die kinästhetisch-korporale Intelligenz* ist die Intelligenz, die für die Entwicklung der Sinneswahrnehmung (in Verbindung mit Geruch, Geschmack, Tastsinn und Gehör) und die Steuerung von Bewegungen mit dem eigenen Körper verantwortlich ist.

*Minikreislauf:* Dynamische Aktivitäten, bei denen die Kinder Hindernisse überwinden müssen, wie z.B.: Zickzack-Kegel umrunden; in Reifen springen (mit abwechselnden Beinen); sich auf einem Seil balancieren (die Zahl acht machen), neben anderen Beispielen. Die Aktivität mit Kreislauf entwickelt die Lateralität, die Koordination der Bewegungen und die Beweglichkeit des Kindes.

*Spiel der Sinne:* Mit einem Band vor den Augen muss das Kind die ihm angebotenen Reize richtig erraten, indem es seine geschmacklichen oder taktilen Fähigkeiten entsprechend dem dargebotenen Reiz einsetzt, z. B. ein Stück Obst (Zungenspitze), Tennisbälle (Fingerspitzen), eine Portion Gelatine oder eine andere Süßigkeit (Mund), Schaum (auf den Fußsohlen) usw. Bei dieser Dynamik werden die sensorischen Fähigkeiten im Zusammenhang mit Geschmack und Berührung verbessert.

*Zeichnen des menschlichen Körpers:* Bitten Sie das Kind, sich auf ein großes Stück braunes Papier zu legen, während ein anderes Kind mit einem Stift den ganzen Körper des Kindes (auf Papier) nachzeichnet. Diese Spielaktivität zielt darauf ab, die Feinmotorik und das Wissen über den Körper selbst zu entwickeln.

*Sehen und Wahrnehmen:* Schlagen Sie der Klasse vor, Paare zu bilden und einen Klassenpartner zu wählen. Zunächst sollte jedes Mitglied des Paares seinen Partner genau betrachten und sich alle Details der Kleidung, die er trägt, notieren. Dann muss jedes Mitglied des Paares, Rücken an Rücken, ein Teil seiner Garderobe entfernen oder verändern, wie z. B. die Position des Mantels, die Form des Hosenbalkens oder des Hemdärmels, das Entfernen oder Verändern eines der Schuhe, usw. Dann müssen die beiden Mitglieder (von Angesicht zu Angesicht) einander genau beobachten und die vom Partner vorgenommene Veränderung entziffern. Das Ziel dieses Spiels ist es, die visuellen Fähigkeiten des Kindes zu entwickeln, die Wahrnehmung, die es von sich selbst und dem anderen hat.

- Räumliche Intelligenz: Diese Intelligenz zielt darauf ab, die Fähigkeiten im Zusammenhang mit der Vorstellung von Raum und Bild, dem Orientierungssinn und dem visuellen Lesen zu verbessern.

*Kartografische Zeichnung des Wohnviertels:* Leiten Sie das Kind an, den Weg zu beobachten, den es von der Schule nach Hause zurücklegt, und schlagen Sie ihm vor, den zurückgelegten Weg in einer kartografischen Zeichnung (Karte) festzuhalten. Bei dieser Aufgabe können Bilder der wichtigsten Punkte, die die Schülerin/der Schüler besucht hat, eingefügt werden, z. B. Supermärkte, Drogerien, Messen, Häuser oder Gebäude, Grünflächen usw. Der Zweck dieser Aufgabe ist es, die visuell-räumlichen Fähigkeiten und den Orientierungssinn des Kindes zu entwickeln.

*Organisiertes Gedächtnis:* Das Kind hat eine Minute Zeit, um sich die auf einem Tisch platzierten Gegenstände einzuprägen. Nach Ablauf der Zeit muss es die Gegenstände in der gleichen Weise ordnen, wie es sie in einer kurzen, von der Lehrkraft vorgegebenen Zeit visualisiert hat. Die Herausforderung bei dieser Aktivität besteht darin, die Anzahl der Gegenstände zu erhöhen und die Zeit, in der sie angeordnet werden müssen, schrittweise

17

zu verringern. Dieses Spiel soll die Fähigkeiten des Gedächtnisses und der visuell-räumlichen Wahrnehmung fördern.

*Das Gedicht illustrieren:* Nachdem das Kind ein von der Erzieherin vorgelesenes Gedicht gehört hat, soll es zeichnen, was es von dem Gedicht verstanden hat. Diese Aufgabe zielt darauf ab, die Kreativität sowie den Sinn für Bilder zu entwickeln (durch die Konstruktion von mentalen Karten, in diesem Fall die Zeichnung des Gedichts aus der Perspektive des Kindes).

*Betrachtung der Blöcke:* Auf einem Tisch sind mehrere Arten von Blöcken (mit verschiedenen Farben und Formaten) angeordnet. Das Kind muss sie sich nacheinander einprägen und den Raum verlassen. Die Reihenfolge der Blöcke, die es zuvor gesehen hat, wird von der Lehrkraft geändert. Wenn es den Raum (wieder) betritt, muss das Kind sagen, wo die neuen Blöcke vom Erzieher eingefügt wurden. Dieses spielerische Spiel regt die Entwicklung der visuellen und räumlichen Fähigkeiten an und fördert die Gedächtnis- und Aufmerksamkeitsleistung.

- Inter- und intrapersonelle Intelligenz: Bei der interpersonellen Intelligenz werden die Fähigkeiten des Verständnisses für die Gefühle anderer bewertet; die Fähigkeit, Empathie für andere Menschen zu empfinden und zu wissen, wie man sich in einer Gruppe auf gesunde und harmonische Weise verhält. Im Hinblick auf die intrapersonale Intelligenz verfügt das Kind oder der Erwachsene über die Fähigkeiten der Selbsterkenntnis und der Selbstmotivation und zeigt die Fähigkeit, Stärken und Schwächen im Verhalten und in den Einstellungen zu erkennen.

*Geheimticket:* Die Lehrkraft verteilt gleich große Zettel und schlägt den Schülern vor, in einem nicht kursiven Buchstaben einen Satz zu schreiben, der ein auffälliges Merkmal enthält, ohne den Zettel zu unterschreiben. Dann werden alle Zettel eingesammelt und in eine Schachtel gelegt, die jedes Kind einzeln herausnehmen kann. Die Teilnehmer sollen laut vorlesen, was geschrieben wurde, und den Namen der Person nennen, die ihrer Meinung nach zu dem Merkmal gehört. Unabhängig von Fehlern oder Korrektheit stellt sich der tatsächliche Verfasser der Karte der Klasse vor. Die Fähigkeiten der Selbsterkenntnis, des Einfühlungsvermögens und des Wissens über den anderen werden durch diese Dynamik gefördert.

*Einfühlungsspiel:* Die Kinder müssen sich in Paaren zusammenfinden und jeder muss ein Paar Turnschuhe von seinem Fuß entfernen, wobei ein Mitglied des Paares ohne die Schuhe am rechten Fuß und das andere ohne die Turnschuhe am linken Fuß ist. Eine der Hände jedes Mitglieds muss so verbunden sein, dass das Kind auf das Signal des Lehrers hin mit nur einer Hand die Turnschuhe am Fuß seines Kollegen platziert und bindet (gemäß den Anweisungen des Freundes). Die Fähigkeiten des Einfühlungsvermögens, der gegenseitigen Rücksichtnahme und der gegenseitigen Hilfe werden bei diesem Spiel entwickelt.

*Kreative Collage (Was ist mir im Leben am wichtigsten?):* Die Erzieherin verteilt an jedes Kind ein weißes Blatt, Zeitschriften, Klebstoff und eine Schere, um eine Collage zum Thema zu erstellen: "Was ist mir im Leben am wichtigsten?". Am Ende der Aktivität stellt jedes Kind sein Werk vor und spricht über die ausgewählten Illustrationen und darüber, was es bei der Auswahl der Bilder empfunden hat. Bei dieser Aufgabe werden die Fähigkeiten zur Selbsterkenntnis über die eigenen Werte und Überzeugungen hervorgehoben.

*Die Szene nachempfinden:* Die Kinder werden in 4er-Gruppen versammelt, um das Thema "Mobbing" durch eine Pantomime zu erarbeiten und darzustellen. Am Ende der Präsentationen sollte jede Gruppe erklären, was sie bei der Pantomime gefühlt hat, und der Klasse erklären, wie der Prozess der Ausarbeitung der Szene ablief. In dieser Dynamik werden Fähigkeiten wie gegenseitiger Respekt, das Wissen, wie man zuhört und spricht, Empathie und das Wissen über die eigenen Gefühle aufgebaut.

- Naturwissenschaftliche Intelligenz: Sensibilität beim Erkennen und Identifizieren der verschiedenen Geräusche und Elemente in der Natur, wie z. B. Vogelgesang, das Geräusch von Wind und Regen, verschiedene Tierarten in der Fauna, verschiedene Arten von Blumen und Früchten in der Ökologie, sowie großes Interesse an Fragen des Umweltschutzes.

*Schulgarten:* Die Lehrkraft kann unter Beteiligung der Schüler einen Gemüsegarten anlegen. Der erste Schritt besteht darin, einen Ort in der Schule zu wählen, der vor allem tagsüber viel Sonnenlicht erhält. Es ist notwendig, dass in der Nähe der gewählten

Umgebung Wasser für die Bewässerung des Gemüses vorhanden ist. Für die Düngung sind natürliche Düngemittel zu bevorzugen, wie z. B. gebrauchtes Kaffeepulver, Obstschalen und -brei, Stroh und Zweige, die, wenn sie verrotten, den organischen Dünger bilden. Vor dem praktischen Teil des Gartens muss der Lehrer mit den Schülern besprechen, welche Grünpflanzen die Gruppe im Garten anpflanzen und pflegen wird.

*Wollen wir Papier recyceln?* Die Lehrkraft leitet die SchülerInnen an, im Laufe der Woche Altpapier zu trennen, das für die Recycling-Aktivität im Klassenzimmer verwendet werden soll. Dabei kann es sich um Zeitschriftenblätter, Zeitungen, Karton, abgelaufene Kontoauszüge, Supermarktprospekte usw. handeln. Es ist wichtig, dass diese Materialien nicht schmutzig, fettig oder mit Klebstoffresten versehen sind. Zu Beginn sollten die Schülerinnen und Schüler die Papierbögen einstechen und sie in einen Eimer legen. Gießen Sie Wasser darüber und lassen Sie das Ganze 24 Stunden lang stehen, damit sich die Papierfasern lösen. Der nächste Schritt besteht darin, diese Mischung im Mixer zu einem Brei zu verarbeiten. Dann sollen die Schüler die Mischung in eine Schüssel geben und sie mit Wasser bedecken. Danach soll der Schüler die Fasern mit Hilfe eines Siebgewebes am Boden der Schüssel verteilen und das Sieb anheben, damit die Mischung oben bleibt. Schließlich sollte der Schüler die Leinwand mit dem Material einen Tag lang an einem luftigen Ort ruhen lassen und danach das Papier entfernen.

*Grüne Outdoor-Aktivitäten: Unterschiede und Vorlieben*

Bei dieser Aktivität schlägt die Lehrkraft zwei Arten von Spaziergängen im Freien vor: einen Spaziergang in einer grünen Umgebung (z. B. in einem Naturpark, auf einem Feld, einem Bauernhof oder in einem Waldgebiet) und eine Tour durch die Stadt (oder Gemeinde), in der das Kind lebt. Bei beiden Ausflügen muss das Kind seine Sinne (Sehen, Hören, Tasten und Riechen) einsetzen, um alles zu beobachten und wahrzunehmen, was zu der jeweiligen Umgebung gehört, insbesondere die Kontraste zwischen einer städtischen Umgebung und einer Grünfläche. Ein Tipp in diesem Zusammenhang ist, das Kind anzuleiten, die verschiedenen Klänge, Geräusche, Gerüche und Landschaften, die zu jeder Umgebung gehören, zu hören und wahrzunehmen. Schlagen Sie den Schülern vor, eine Zeichnung oder ein Schriftstück anzufertigen, das die Merkmale der beiden unterschiedlichen Szenarien illustriert. Abschließend können Lehrer und Schüler darüber sprechen, was ihnen an den beiden besuchten Umgebungen am besten gefallen hat oder nicht.

Es ist von grundlegender Bedeutung, dass das Kind tägliche Erfahrungen zur Stärkung der neuronalen Verbindungen des Lernens machen kann. Je mehr Verbindungen über ein neues Wissen hergestellt werden, desto größer und effektiver wird die Kompetenz des Schülers in einem bestimmten Bereich oder Fach sein. Die Schule sollte einen Lehrplan mit Aktivitäten vorschlagen, die die sensible Lernphase des Schülers aufwerten, wobei die Fähigkeiten und Fertigkeiten, die er bereits mitbringt, zu berücksichtigen sind. Darüber hinaus sollten die Lehranstalten die Entwicklung des Gehirns des Kindes berücksichtigen, da es ein Instrument ist, das sich durch Stimuli verbessern kann.

Wenn man versteht, wie das Gehirn funktioniert, kann man das Lernen besser gestalten. Wenn der Lehrer die neuronalen Verbindungen des Schülers besser kennt, kann er Aktivitäten ausarbeiten, die darauf abzielen, die motorischen, sensorischen, kognitiven und emotionalen Funktionen des Kindes zu entwickeln. Auf diese Weise ist die Neuro-Learning-Studie von grundlegender Bedeutung, da sie darauf abzielt, dem Pädagogen Kenntnisse darüber zu vermitteln, wie das Lernen im Gehirn abläuft und wie man es auf der Grundlage der Gehirnentwicklung des Kindes effektiv entwickeln kann.

# KAPITEL 2

## Neurolearning des Kindes

### 2.1 Die Bedeutung des neurologischen Lernens in der Kindheit

Neurolearning als Wissenschaft befasst sich mit der Förderung der Bildung unter dem Gesichtspunkt, wie das Gehirn lernt, und erkennt in diesem Organ spezifische Bereiche, die stimuliert werden können. Dies setzt voraus, dass man die kognitiven Funktionen (Gedächtnis, Aufmerksamkeit, Sprache und Wahrnehmung) kennt und über sie nachdenkt, um Lernstrategien zu entwickeln, die den Besonderheiten und Lernschwierigkeiten jedes einzelnen Schülers entsprechen.

Jeder Mensch hat seine eigene Art, Wissen und Lernen zu verarbeiten, die je nach seinen Bedürfnissen und seiner neurologischen Struktur unterschiedlich ist. Auf diese Weise trägt Neuro-Learning dazu bei, dass Pädagogen überdenken, wie sie unterrichten und wie spezifisch jedes Kind die Reize verarbeitet, die es aus seiner Umgebung erhält.

Lernen findet im zentralen Nervensystem statt, d. h. in der Gehirnregion. Das Organ nimmt Reize aus der Umwelt auf und ist durch seine Plastizität in der Lage, neue Verbindungen herzustellen und wiederherzustellen, wodurch das menschliche Verhalten entsprechend den neu erworbenen Fähigkeiten gestaltet wird. Aus kognitiver Sicht werden die neuesten Informationen im Gehirn gesammelt, damit sie bei Bedarf genutzt werden können.

Die Regeneration des zentralen Nervensystems findet bei jedem neu erlernten Verhalten statt und setzt sich während der gesamten menschlichen Entwicklung fort, von der Kindheit bis ins hohe Alter. Dieser Prozess ist Teil der Bewegung der Plastizität des Gehirns und wesentlich für die Anpassung des Kindes an die Umwelt und die Entwicklung von Fähigkeiten des Individuums.

Die Neurowissenschaften betonen die Bedeutung der Erfahrung für den Aufbau und die Verbesserung der neuen Fähigkeiten, und die Interaktionen zwischen den Neuronen fungieren als Modellierer dieses Lernens im Gehirn, die Stärkung der Verbindungen und neuronalen Bereichen mehr gearbeitet und durch die Umwelt stimuliert.

Das Neuro-Lernen unter pädagogischen Gesichtspunkten analysiert verschiedene Lehrstrategien und stellt Überlegungen darüber an, wie das Wissen im Gehirn verarbeitet wird, um die Stimuli und das Lernen im Klassenzimmer zu bereichern. Diese neue Art, Wissen zu begreifen, berücksichtigt die zerebrale Funktionsweise des Kindes und seine Verarbeitung bei der Aufnahme von Informationen. Darüber hinaus befürwortet es die multiple und vielfältige Intelligenz und ihre Beziehung zur Verbesserung der Fähigkeiten.

Die kognitiven Präferenzen, die sich bei jedem Kind durch multiple Intelligenz manifestieren, sind das Ergebnis einer Reihe von Reizen und Lernmöglichkeiten, die Kinder in ihrem sozialen und familiären Leben erfahren.

Der Akt des Lernens ist von einem kontinuierlichen Prozess neuronaler Netze durchdrungen, was bedeutet, dass bei der Aufnahme neuen Wissens, das sich in Lernen durch Erfahrung umwandelt, neue Verbindungen zwischen den Neuronen gebildet werden, die zu einer neuen

"Wenn Neuronen Verbindungen herstellen, verstärken die Dendriten die Synapsen. In diesem Moment findet nach Ansicht verschiedener Neurowissenschaftler das Lernen statt, was bedeutet, dass Lernen die Kommunikation zwischen zwei Neuronen und ihren Synapsen ist" (PEREIRA, 2014a, S.153).

Die neuronalen Verbindungen, die sich bei der Entwicklung neuer Lernfähigkeiten bilden, durchdringen das gesamte Wachstum des Menschen, denn über diese Strukturen werden neue Reize aus allen Teilen der Umwelt aufgenommen, um das Individuum besser an seine Umwelt anzupassen und ihm bei seinen kognitiven Funktionen sowie beim Erwerb neuer Fähigkeiten zu helfen. Lernen ist also das Ergebnis einer Netzwerkumwandlung, die Verbindungen zwischen Neuronen umfasst, die mit jedem neu hinzukommenden Wissen verändert werden können.

Die ersten Lebensjahre des Kindes sind gleichbedeutend mit Momenten und Möglichkeiten des Wachstums und der Entwicklung. Aus diesem Grund ist es für den Aufbau von (multipler) Intelligenz und Fähigkeiten im Leben dieses sich in der Ausbildung befindlichen Menschen unerlässlich, die entsprechenden Anreize in der Altersgruppe des Kindes zu fördern.

Jede neue Erfahrung und jeder differenzierte Kontakt mit der Welt durch Reize ermöglicht dem Kind die Konsolidierung der synaptischen Verbindungen, die zur Entwicklung neuer Kenntnisse und Entdeckungen führen. Das Gedächtnis spielt in diesem Prozess eine aktive Rolle, da es das für die Entwicklungsphase des Kindes relevante Wissen aufnimmt und speichert, um es bei Bedarf wieder abzurufen. Auf diese Weise baut der Lernende sein Erfahrungsrepertoire entsprechend den von der Umwelt angebotenen Reizen auf und erweitert es. Beispiele für Anreize, die dem Kind geboten werden, sind:

• Verbesserung der mündlichen Sprache durch das Erzählen von Geschichten und den

Kontakt mit verschiedenen Textarten, mit oder ohne Gravur (je nach Alter des Kindes);

• Bieten Sie dem Kind den Kontakt mit verschiedenen Gegenständen, verschiedenen Texturen, verschiedenen Größen und Formen, damit es durch seine taktilen Fähigkeiten die Art des Materials erkennen und identifizieren kann;

• Setzen Sie das Kind verschiedenen auditiven Reizen aus, z. B. Gesprächen mit der Mutter oder anderen Bezugspersonen, Geräuschen in der Natur, Musikinstrumenten usw;

• Stimulierung ihrer Bewegungs- und Sozialisationsfähigkeiten durch die Förderung von Freizeitaktivitäten im Freien, Sport oder typischen regionalen Tänzen;

• Entwicklung pädagogischer Aktivitäten mit dem Kind (zu Hause oder in der Schule) unter Berücksichtigung der sensorischen, motorischen, emotionalen, sprachlichen und soziokulturellen Aspekte, in die das Kind eingebunden ist.

Das Kind ist bereits vor dem ersten Lebensjahr in der Lage, Gegenstände und Orte anhand ihrer Merkmale zu erkennen. Dieses Wissen wird im Intellekt des Kindes in der Gehirnregion gespeichert und organisiert, wobei es in Kategorien aufgeteilt wird, um das Organ nicht zu überlasten: "Was passiert: Das Neugeborene bekommt eine Menge neuer Eindrücke, die ununterbrochen auf es einströmen und das Gehirn überfordern können. Damit das nicht passiert, wird eine Art von Organisation notwendig. So werden die "Dinge" in Kategorien eingeteilt und in "Schubladen" in ihrem Verstand abgelegt" (PEREIRA, 2014b, 154).

Die Tatsache, dass ein Kind die Dinge anhand ihrer Merkmale erkennt, ist auf die zunehmende Entwicklung seiner optimalen Fähigkeit zurückzuführen. Aus diesem Grund ist das Angebot an sensorischen Reizen für das Kind so wichtig, dass es in dieser Zeit sehr konkret ist.

Das Lernen des Säuglings beginnt mit der Beobachtung von Gegenständen und Personen, auf die es sich bezieht, wie z. B. seine Eltern. Durch seine optische Fähigkeit verfolgt das Kind die Umwelt und die Menschen mit dem Auge und baut so Affinitäten und Interessen auf, die wesentlich sind, um es in diesem Wissens- und Lernprozess weiter zu motivieren.

Da sich das kindliche Gehirn in ständigem Wachstum und in der Entwicklung befindet, weist es im Vergleich zum Gehirn eines Erwachsenen eine plastischere und empfindlichere Lerneigenschaft auf, die so genannten sensiblen Perioden, in denen der Kontakt mit Umwelteinflüssen äußerst wichtig ist. Aus diesem Grund wirkt die wirksame Arbeit einer anregungsbasierten Erziehung als Vermittler bei der Entwicklung neuer Lernverbindungen.

In dem Maße, wie sich das Gehirn des Kindes entwickelt, werden die neuronalen Verbindungen durch die Arbeit mit sensorischen Reizen mehr und mehr intensiviert. Dadurch entstehen immer mehr spezialisierte Fähigkeiten, die es dem Kind ermöglichen, verschiedene Funktionen in der Umwelt auszuführen.

Das plastische Gehirn agiert in der Kindheit je nach den ihm gebotenen Erfahrungen agil und effektiv und bildet neuronale Verbindungen, die verschiedene Bereiche der menschlichen Intelligenz abdecken, wie sensorische, motorische, kognitive, affektive, emotionale und Verhaltensfunktionen. Diese Funktionen ermöglichen dem Kind die Durchführung vielfältiger Lernprozesse und Reaktionen auf die Umwelt.

In der frühen Kindheit ist das Gehirn des Kindes empfänglicher und sensibler für Veränderungen. Dies ist eine Zeit intensiver Entwicklung, in der Fähigkeiten und Wissen durch Erfahrung erworben werden und das Gehirn auf den Erwerb von immer komplexeren und anspruchsvolleren Lerninhalten vorbereitet wird.

Ein Kind, das den von der Umwelt gebotenen Reizen nicht ausgesetzt ist, kann die Fähigkeiten und Verhaltensweisen, die seiner Altersgruppe eigen sind, nicht angemessen entwickeln, was dazu führt, dass weniger neuronale Verbindungen in bestimmten kognitiven Bereichen aufgebaut werden und potenzielle Lernschwierigkeiten zum Nachteil des Mangels an Reizen auftreten. Die Familie und die Schule spielen in diesem Prozess eine entscheidende Rolle, indem sie Lernräume schaffen, die reich an Reizen und Herausforderungen für den Lernenden sind.

Der pädagogische Lehrplan, der in der Lage ist, synaptische Veränderungen und differenziertes Lernen bei den Schülern zu fördern, berücksichtigt die Vielfalt der Kenntnisse und Fähigkeiten. Um dies zu erreichen, muss der Lehrer den Unterricht entsprechend den Lernstilen der einzelnen Kinder gestalten.

In der Praxis muss das Lernen einen Wert und eine Bedeutung für das Kind haben, angefangen von einfachen Anreizen bis hin zu den komplexesten, die Elemente des familiären und sozialen Lebens suchen, so dass dieses neue Wissen dem Schüler einen Sinn und einen Wert verleihen kann.

Das Gehirn ist ein Organ, das über die Schulmauern hinaus arbeiten kann, indem es versucht, das Beste aus den Reizen und Anreizen zu machen, die die Umwelt bietet, wie z. B.: Naturbeobachtung, Pflanzenanbau und Gemüseanbau, neben anderen Elementen.

In dem Maße, wie das Kind neue Lernerfahrungen macht, wird sein Gehirn umorganisiert, um das neue Wissen aufzunehmen, wobei die neuronale Struktur und Funktionalität verändert werden, was zu unterschiedlichen Fähigkeiten und kognitiven Praktiken bei diesem Kind führt.

Das Gehirn ist ein Organ, das sich ständig verändert, und so kann jede Form von Umweltveränderung oder -stimulation auftreten, einschließlich der Erfahrungen und des Lernens, die im Laufe des Lebens gesammelt werden. Es gibt jedoch empfindlichere Perioden für den Erwerb von Wissen und Fähigkeiten, die effektiver und produktiver sind, da das Gehirn in dieser Zeit eine größere Beweglichkeit und Leichtigkeit aufweist, um neue Inhalte und Informationen in seinem neuronalen Netz zu aggregieren. Dieser Prozess ist in der Neuroplastizität als "kritische Lernperioden" oder "windows of opportunity" bekannt.

## 2.2 Die Rolle von Gelegenheitsfenstern beim Lernen von Kindern

Die kritische Lernphase, der Moment der größten Plastizität des Gehirns während der Entwicklung des Kindes, ist eine Phase, in der das Gehirn am empfänglichsten für Veränderungen und Anpassungen ist und daher in der Lage ist, Wissen und Fähigkeiten, die für die Entwicklung des Kindes wichtig sind, leicht zu erfassen und aufzunehmen:

"Man kann also sagen, dass die Gehirnentwicklung nicht linear verläuft. Es gibt kritische Perioden und folglich das, was man gemeinhin als "Fenster der Möglichkeiten" bezeichnet. Dies sind Perioden größerer neuronaler Plastizität in bestimmten Hirnarealen, in denen die verschiedenen Arten von Wissen und Fähigkeiten leichter erworben werden (von denen einige bereits als pränataler Entwicklungstrend vorhanden sein können). Fähigkeiten und Kenntnisse, die den Keim für die verschiedenen Arten von Fähigkeiten bilden, die Menschen im Laufe ihres Lebens entwickeln können" (FILHO, 2007a, S.20).

Das Gehirn eines Kindes lässt sich leicht modellieren und an jede neue Situation oder Erfahrung anpassen, und diese Fähigkeit wird als viel größer angesehen als beispielsweise die eines Erwachsenen. Das bedeutet nicht, dass ein Erwachsener keine neuronalen Voraussetzungen hat, um sein Lernen zu entwickeln, sondern vielmehr, dass ein Erwachsener im Gegensatz zu einem Kind ein größeres und intensiveres Bedürfnis nach Umweltstimulation hat.

Die frühe Kindheit, die Anfangsphase der kindlichen Entwicklung von der Geburt bis zum Alter von etwa sechs Jahren, ist für den Erwerb von Wissen und den Aufbau von Fähigkeiten von entscheidender Bedeutung, da das Gehirn in dieser Zeit eine größere Kapazität zur schnellen Aufnahme von Informationen hat. Dies bedeutet, dass das neuronale Organ des Kindes empfänglicher für Reize und Veränderungen aus der Umwelt ist. Diese Phase wird in den Neurowissenschaften als *"Fenster der Möglichkeiten" bezeichnet.*

Die Großhirnrinde des Kindes ist in der Lage, unendlich viele Erfahrungen und Lernerfahrungen zu sammeln, die sich aus den Interaktionen mit der Umwelt ergeben. In einer kritischen Phase, in der das neuronale Organ offener für Veränderungen und Wissenserwerb ist, ähnlich wie ein Schwamm (der Materialien, die mit ihm in Berührung kommen, aufnimmt), können diese erworbenen Kenntnisse im Gehirn leichter verändert werden, indem neue und differenzierte Verbindungen entstehen:

"Es handelt sich um ein zeitliches Fenster, das jedoch anfällig für neuronale Transformationen ist, für das zerebrale Potenzial der Flexibilität und Reorganisation, und in dem es eine konstante Lapidierung der Gehirnrillen gibt. Und in jeder Steinigung, dem sogenannten "Fenster der Gelegenheit", wird eine ideale Phase während der Reifung für die Entwicklung von Fähigkeiten geschaffen, sei es Mathematik, Sprache oder musikalisches Lernen" (NUNES, 2014, S.111).

Die Möglichkeiten für das Lernen des Kindes eröffnen sich schon bald nach der Geburt im ersten Lebensjahr durch die ersten Sinneserfahrungen, die das Kind macht. In dieser Zeit treten die ersten Reflexe und motorischen Gewohnheiten auf, die für die Entwicklung der sensomotorischen Intelligenz des Kindes wesentlich sind.

Die ersten Lebensjahre des Kindes haben einen starken Einfluss auf die Gehirnarchitektur und die Entwicklung der neuronalen Verbindungen, da sie den Beginn der neuropsychomotorischen Entwicklung markieren. So sind die ersten Reize und Lernerfahrungen entscheidend für die Festigung der kognitiven und sozio-affektiven Kompetenzen.

Die ersten drei Phasen der kindlichen Entwicklung sind für die plastische Bewegung des Gehirns von großer Bedeutung, da in den ersten drei Lebensjahren des Kindes viele Lernvorgänge stattfinden: ein beschleunigtes Wachstum des Körpers und die ersten sensomotorischen Fähigkeiten wie Gehen, Sitzen, Laufen, Manipulieren und Erkennen von Gegenständen; die Entwicklung von Sprache und Mündlichkeit; das Interesse und die Motivation für die ersten kindlichen Spiele und

Aktivitäten, die für die Ausübung der motorischen Fähigkeiten grundlegend sind.

Das Kind beginnt seinen Sozialisierungsprozess in den nächsten drei Phasen, die das Alter von 4 bis 6 Jahren umfassen, durch symbolisches Spiel und Interesse an anderen Kindern.

Die meisten Kinder zwischen 4 und 6 Jahren gehen in die Schule, wodurch sich neue Möglichkeiten für das Lernen und die Entwicklung von Fähigkeiten ergeben, wie z. B. das Lösen von Problemen, das Aufstellen von Hypothesen, die Kenntnis der ersten Buchstaben, der Menge und der Größe sowie die Verbesserung der Sprache und des Dialogs zwischen Gleichaltrigen.

In der Zeit zwischen vier und sechs Jahren (in manchen Fällen bis zu acht Jahren) beginnt das Gehirn des Kindes, sich durch die Reifung der beiden Hemisphären zu spezialisieren, die nun ganz bestimmte Aktivitäten und Fähigkeiten zeigen, wie zum Beispiel die Planung von Handlungen, Bewegungen und Gedanken, die Fähigkeit, visuelle, auditive und taktile Reize zu erkennen und darauf zu reagieren.

Die Interaktionen und Fähigkeiten, die das Kind durch den Kontakt mit der Umwelt erfährt, sind für die Bildung der ersten neuronalen Verbindungen von großer Bedeutung, da durch die Erkundung und das Leben in der Umwelt die charakteristische Art der synaptischen Verbindungen im Gehirn definiert wird. Wenn also der dem Kind angebotene Reiz eine Herausforderung darstellt, die das Denken des Gehirns und die Lösung von Hypothesen erfordert, wird die Anzahl der Dendriten in jedem Neuron größer und länger, was zu einem stärkeren Wachstum und einer stärkeren Entwicklung der neuronalen Bahnen führt.

Während des Lernprozesses werden Tausende von Neuronen und Synapsen benötigt, die durch den Kontakt und die Übertragung von Informationen zwischen den einzelnen Neuronen Veränderungen in der neuronalen Struktur bewirken und so differenzierte Kenntnisse und Fähigkeiten im Leben des Subjekts hervorbringen. Was also das Lernen und die Erfassung von Wissen im Gehirn definiert, sind die zwischen den Neuronen gebildeten Netzwerke.

Die Synapsen, die im Gehirn des Kindes erhalten bleiben sollen, entsprechen denjenigen, die während der Aufgaben und Momente des Lernens stärker genutzt und stimuliert werden, so dass ungenutzte neuronale Strukturen in den kognitiven Erfahrungen und Aufgaben des Kindes eliminiert werden können:

"Auf diese Weise wird das Gehirn zunächst durch einen Prozess der Verstärkung der am meisten genutzten neuronalen Bahnen und der Eliminierung (Pruning) der weniger genutzten strukturiert. Und dieser Prozess wird weitgehend durch die Quantität und Qualität der Reize bestimmt, die aus der Umwelt durch Erfahrungen kommen. Wenn die Umgebung, in der das Kind lebt, keine guten Bedingungen für seine Entwicklung bietet (Ernährung, sensorische Stimulation, Mutter-Kind-Beziehung usw.), werden die entsprechenden neuronalen Bahnen weder quantitativ noch qualitativ verstärkt, und die neuronale Abnutzung wird größer und schädlicher für eine gesunde Entwicklung und eine effiziente Anpassung an das Leben sein" (FILHO, 2007b, S.1).

Die kognitiven Fähigkeiten des kindlichen Nervensystems hängen von der Art der Stimuli ab, die ihm geboten werden, sowie von der Qualität der Beteiligung und der sozialen Interaktionen zwischen ihm und seiner Umwelt. Auf diese Weise muss die Rolle der Emotionen beim Lernen berücksichtigt werden, denn um zu lernen, müssen neue Kenntnisse und Fähigkeiten aufgebaut und modelliert werden, die notwendigerweise den Bereich der Gefühle durchqueren, denn man lernt nur etwas, wenn man Freude und Motivation empfindet. Negative Emotionen führen zu negativen chemischen Prozessen im Gehirn (aufgrund von Gefühlen wie Furcht und Angst), die die Aufmerksamkeit und die Konzentrationsfähigkeit beeinträchtigen und das Lernen erschweren.

Oft kann das Kind im Klassenzimmer bestimmte Lerninhalte aufgrund der Art und Weise, wie der Lehrer unterrichtet, nicht verstehen. Wenn der Schüler einen kinästhetischen Lernstil hat, kann er zum Beispiel Schwierigkeiten haben, mathematische Inhalte zu verstehen, die direkt an der Tafel vermittelt werden. In diesem Fall kann die Lehrkraft als didaktische Lehrstrategie ein logisch-mathematisches Spiel oder eine praktische Tätigkeit verwenden, bei der das Kind den Preis eines Produkts im Supermarkt berechnen muss.

Jeder Schüler hat eine eigene Art, das Lernen zu gestalten. Nicht alle Schüler lernen auf die gleiche Art und Weise, wie Howard Gardners Theorie der multiplen Intelligenz veranschaulicht, die besagt, dass jeder Schüler das Wissen entsprechend den Fähigkeiten und der Intelligenz, für die er am besten geeignet ist, besser aufnimmt. Unter diesem Gesichtspunkt sollten die Gelegenheiten, die sich in den sensiblen Lernphasen eines Kindes bieten, durch vielfältige didaktische Strategien gefördert und verbessert werden. Schulische Einrichtungen sowie Eltern und Pädagogen sollten dieser neuen Konzeption des Lernens Rechnung tragen, indem sie je nach den vorherrschenden zerebralen Fähigkeiten der einzelnen Lernenden unterschiedliche Techniken anwenden.

"Pädagogische Methoden können viel von den Neurowissenschaften lernen, da jeder Mensch Informationen auf seine eigene Art und Weise und entsprechend seinen Bedürfnissen verarbeitet. Mit den wichtigen Informationen, die uns die Wissenschaft über die Plastizität des Gehirns gegeben hat, könnte ein Großteil unserer Arbeit als Pädagogen neu überdacht werden, damit wir unsere Schüler besser erreichen können" (ALMEIDA, 2014b, S.50).

Die physische Lernumgebung sollte dynamische und attraktive Räume bieten, in denen die Kinder Fragen stellen, Probleme lösen, Dialoge führen und ihre Fähigkeiten und Intelligenz entwickeln können, indem sie mit der Gruppe und der sie umgebenden Umgebung interagieren. Der Schüler muss sich in dieser Umgebung als Protagonist und aktiv fühlen, damit die Momente des Lernens angenehm und bedeutsam sein können.

Das Gehirn braucht Reize, um Fähigkeiten zu entwickeln und zu verbessern. Die Gestaltung des Raums für ein angenehmes Lernen muss die kognitive Struktur berücksichtigen, in der sich das Kind befindet. Die Gelegenheitsfenster bieten vielfältige Möglichkeiten, neues Wissen zu generieren und das in der Kindheit vorhandene kreative Potenzial zu entwickeln.

# KAPITEL 3

## Neuropädagogik und Kreativität

### 3.1 Das kreative Potenzial des Kindes in kritischen Phasen: Entwicklung kreativer Lernumgebungen

Neuropädagogik ist die Wissenschaft, die dazu beiträgt, zu verstehen, wie das Gehirn lernt. Im Hinblick auf das kreative Potenzial ist es möglich, durch das Wissen über die Gehirnhälften und ihre Beziehung zur Kreativität zu erkennen und zu verstehen, wie dieser Prozess neuronal im Kind abläuft.

Der Mensch verfügt über zwei Hemisphären: die rechte und die linke Hemisphäre. Jede dieser Hemisphären, die sich in verschiedenen Bereichen des Gehirns befinden, hat eine differenzierte Funktion im Bereich des Lernens:

In der rechten Hemisphäre werden die kreativen und imaginären Prozesse des Individuums in Gang gesetzt, es herrschen Gedächtnis- und Synthesefähigkeiten vor, nichtlineares Denken und die Fähigkeit, intuitiv mit Fakten und Situationen umzugehen. Die linke Gehirnhälfte bezieht sich auf die lineare und detaillierte Verarbeitung von Ideen, die Fähigkeit zur Anwendung von Logik und Organisation sowie die strategische Planung.

Die Anwendung verschiedener Techniken und Ausdrucksformen durch das Kind fördert ständig die Entwicklung neuer Gehirnverbindungen und nutzt so die sensible Phase des zerebralen Lernens, die der kritischen Phase des Kindes im Entwicklungsprozess eigen ist.

Gelegenheitsfenster oder sensible Lernphasen sind Teil der kritischen Phase der menschlichen Neuroplastizität, die vor dem dritten Lebensjahr beginnt. Lebensjahr beginnt. In dieser Zeit wächst das kindliche Gehirn aufgrund des Erlernens der ersten Fähigkeiten und Fertigkeiten wie Sprache, Sprechen und motorisches Verhalten schnell.

Während der kritischen Neuroplastizität ist das zentrale Nervensystem empfänglicher für Informationen und Reize aus der Umwelt, wodurch der Lernprozess und die Aufnahme von Wissen im Gehirn des Kindes erleichtert werden. Auf diese Weise macht das Lernen aufgrund der Vielzahl von Reizen und Fähigkeiten mehr Spaß.

Zu den vielfältigen Fähigkeiten und Kompetenzen, die durch die Plastizität des Gehirns entwickelt werden können, gehört auch die Kreativität, eine Eigenschaft, die in der Kindheit sehr präsent ist und die durch die Neugier und die Vorstellungskraft, die in dieser sensiblen Phase des Lebens vorhanden sind, sehr gut genährt und angeregt werden kann.

Kreativität ist eine Eigenschaft oder eine menschliche Begabung, die darauf abzielt, etwas Neues zum Nutzen des Einzelnen oder der Gesellschaft zu schaffen, umzugestalten oder zu tun. Fortschritt bedeutet, sich nicht an eine bestimmte Situation anzupassen, sondern sie in etwas Besseres zu verwandeln, kreativ zu sein. Somit ist die Kreativität eine wesentliche Eigenschaft, die sowohl in der Kindheit als auch im Erwachsenenalter vorhanden ist und daher gefördert werden muss.

Das Kind verfügt von Natur aus über ein großes kreatives Potenzial, und sowohl die Schule als auch die Eltern und Erzieher müssen die vielfältigen Lernmöglichkeiten berücksichtigen, die die Gehirnfenster der Kinder in den sensiblen Phasen des Wissenserwerbs bieten.

Einige Unterrichtssysteme legen im Klassenzimmer Wert auf eine eher starre, rationale und objektive Haltung des Schülers, die sich auf von der Institution vorgegebene Modelle und Verhaltensweisen stützt, sowie auf einen unflexiblen und "zugepflasterten" Lehrplan, ohne der Selbstentdeckung und dem kreativen Potenzial in den frühen Phasen der kindlichen Entwicklung Aufmerksamkeit zu schenken. Unter diesem Gesichtspunkt lernt das Kind, Modellen und Lehrkonzepten zu folgen, ohne sich dem Dialog, dem Austausch von Ideen und der Freiheit des Ausdrucks zu öffnen:

"Wenn das Individuum vorher festgelegte Modelle, Formen oder Verhaltensweisen wiederholt oder nach ihnen arbeitet, kommuniziert es nicht, drückt sich nicht angemessen aus und hat keine Möglichkeit, sich zu entwickeln. Wenn er sich jedoch authentisch und frei ausdrückt, kann er sein Wesen offenbaren" (ROCHA, 2014, S.190).

Bevor im Klassenzimmer gearbeitet wird, muss die Kreativität als Rohstoff im pädagogischen Plan anerkannt und auf vielfältige Weise angeregt werden, um die Vielfalt des Wissens und die jedem Kind innewohnende Intelligenz zu berücksichtigen. Die Arbeit sollte die Entwicklung der Kinder im motorischen, sensorischen, affektiven und kognitiven Bereich begünstigen und die Möglichkeiten des Selbstausdrucks und der Selbstentdeckung fördern.

Die kreative Schule ist eine Schule, die die Produktionen des Schülers anregt, entwickelt und wertschätzt, indem sie ihn als Protagonisten und Vermittler von Wissen und nicht als bloßen Reproduzenten von Konzepten betrachtet und darauf abzielt, in diesem Schüler die Arbeit durch den Einsatz von Vorstellungskraft und kreativem Denken zu verbessern.

Das Klassenzimmer sollte ein mobiles Klassenzimmer sein, das sowohl innerhalb als auch außerhalb der Schule Unterricht anbietet, reich an Umweltanreizen und Lernentdeckungen, und dies beinhaltet vielfältige Szenarien und Erfahrungen, d.h. Farben, Geschmäcker, Texturen, Geräusche, Hindernisse und Herausforderungen in unterschiedlicher Geschwindigkeit und Intensität, als Ergebnis des Kontakts des Kindes mit der Umwelt und mit sozialen Beziehungen.

Das kreative schulische Umfeld ermutigt die Schüler, Ideen zu entwickeln und Hypothesen zu formulieren, wobei sie den Dialog und den Austausch zwischen den Schülern schätzen, bei dem Fehler als eine neue Art des Denkens oder der Ausarbeitung neuer Erkenntnisse angesehen werden:

"Auf diese Weise, in diesem Umfeld, sind Fehler Teil des Lernprozesses und müssen auf eine Art und Weise erforscht werden, die neues Wissen und neue Themen in einem ständigen Prozess der Reflexion der Ideen, die dabei entstehen, hervorbringen kann" (MAGALHÃES, 2014, S.86-87).

Die Stimulierung von Regionen des kindlichen Gehirns, die mehrere Intelligenzen nutzen, kann ein wirksames Mittel zur Entwicklung kreativer Kompetenzen sein. Im Falle einer Dominanz der logisch-mathematischen Intelligenz können beispielsweise andere Intelligenzen erforscht werden, die das Kind vielleicht nicht so gut beherrscht, um es herauszufordern, Hypothesen zu entwickeln und Lösungen unter Verwendung anderer Intelligenzen zu schaffen (sprachlich, kinästhetisch, intrapersonell, interpersonell, musikalisch oder räumlich). Kreativität entsteht, wenn man anders denkt und sich auf neue Erfahrungen einlässt. Dieser Ansatz ermöglicht es dem Gehirn, inmitten der vielfältigen Lernmöglichkeiten vielfältige Verbindungen herzustellen.

Die Wertschätzung des kreativen Prozesses muss zunächst vom Lehrer ausgehen, der das kritische und reflexive Denken des Kindes anregen sollte. Den Schüler dazu anregen, zu spielen und das Lernen mit Hilfe der Vorstellungskraft, des freien Ausdrucks und der Kreativität zu entwickeln.

"Um eine schöpferische Erziehung in die Praxis umzusetzen, muss der Erzieher in erster Linie selbst schöpferisch werden, indem er die schöpferischen Prozesse innerlich kennt, um zu wissen, wann das Kind lernt, schöpferisch zu denken, und zwar anhand seiner intellektuellen, sozialen, psychologischen usw. Realität". (NICOLAU, 1994, S.27).

Das Kind verfügt über ein enormes kreatives Potenzial, und in kritischen Lernphasen sind die Fenster offen und günstig, um eine Reihe von sensorisch-motorischen Reizen aus der Umwelt wie Klänge, Rhythmen, Formen, Farben, Bewegungen und Texturen aufzunehmen.

Eltern und Erzieher können einen wirksamen und nützlichen Beitrag zum Entwicklungsprozess der kindlichen Kreativität leisten, indem sie die Erfahrungen, die das Kind im Laufe seiner Kindheit macht, unterstützen und wertschätzen, indem sie Interesse und Neugier für seine künstlerischen Produktionen, Spielaktivitäten und Formen der Kommunikation und des Ausdrucks zeigen.

Die Gelegenheitsfenster erweitern den Erwerb von Wissen und neuen Fähigkeiten im Leben des Kindes, einschließlich seines kreativen Potenzials. Damit sich Kreativität entwickeln kann, sind günstige Bedingungen erforderlich, und dazu gehören anregungsreiche Umgebungen und Lernmöglichkeiten mit Aktivitäten, die es dem Kind ermöglichen, seine Wahrnehmung, Vorstellungskraft, Kognition, Argumentation, das Formulieren von Ideen und Hypothesen zu entwickeln. Je vielfältiger und intensiver die Umweltanregungen sind, die dem Kind geboten werden, desto größer sind die Möglichkeiten, seine Potenziale und seine Fähigkeit zur Kreativität zu entwickeln.

# KAPITEL 4

## Schlussfolgerung

Das Thema: "Entwicklung des kreativen Potenzials des Kindes durch die Stimulierung des Gelegenheitsfensters" wurde nach einer explorativen Literaturrecherche ausgewählt, die sich an Fachleute aus dem Bereich der Bildung und der Neurowissenschaften richtete und darauf abzielte, durch vielfältige Lernanreize aufzuzeigen, wie das kreative Potenzial von Kindern in der Zeit der Pubertät entwickelt werden kann.

kritische Neuroplastizität. Durch diese Arbeit kann der Pädagoge in der Lage sein, über die Rolle von Fenstern neuronaler Gelegenheiten während der sensiblen Lernphase des Kindes nachzudenken, praktische Beispiele für herausfordernde Stimuli zu erforschen und zu definieren, um das kreative Potenzial der Kinder sowohl in der Schule als auch in außerschulischen Räumen zu entwickeln.

Wie in Punkt 1 beschrieben, ist die Neuroplastizität in der Kindheit die Fähigkeit des Gehirns, sich mit jeder neuen Erfahrung oder jedem neuen Lernen zu verändern. In der Kindheit wird diese Fähigkeit intensiver und effektiver entwickelt, da das kindliche Gehirn wie ein Schwamm wirkt, der unendlich viele Informationen und Reize aus der Umwelt aufnimmt. Diese Reize sind das Ergebnis einer multiplen Intelligenz, deren Kapazitäten in verschiedenen Regionen des Gehirns verteilt sind, wobei hervorgehoben werden kann, dass die nicht stimulierte Intelligenz dazu neigt, sich abzuschwächen, im Gegensatz zur ständig ausgeübten Intelligenz, die sich im Laufe des Lebens des Kindes in neue Fähigkeiten und Kompetenzen verwandelt.

Unter Punkt 2 wurde die Bedeutung des neurologischen Lernens in der Kindheit und seine Entwicklung im kindlichen Universum erläutert, wobei die Bedeutung einer auf Reizen basierenden Erziehung hervorgehoben wurde und die Rolle von Gelegenheitsfenstern als Vermittler bei der Entwicklung neuer Gehirnverbindungen betont wurde, in denen Wissen und Informationen mit größerer Geschicklichkeit und Leichtigkeit erworben werden.

Punkt 3 schließlich bezieht sich auf Neuropädagogik und Kreativität und behandelt praktische Beispiele für die Entwicklung der kreativen Fähigkeiten in sensiblen Phasen der Kindheit, inmitten kreativer Lernumgebungen und vielfältiger Stimulusangebote.

Die Plastizität des Gehirns ist die Fähigkeit des Gehirns, seine Struktur und Funktionalität an jede neue Erfahrung oder jedes neue Lernen anzupassen. Die Umwelt bietet eine Vielzahl von Reizen und Herausforderungen, die für die Konsolidierung neuer neuronaler Verbindungen notwendig sind, da die Umwelt die Entwicklung verschiedener Fähigkeiten fördert.

Gelegenheitsfenster sind Zeiträume, in denen das kindliche Gehirn am empfindlichsten und am ehesten zu Veränderungen fähig ist. In dieser Phase nimmt das Kind Wissen am effektivsten auf, da sich das Nervensystem in ständiger Entwicklung befindet. Viele Errungenschaften werden in der Lebensspanne des Kindes aufgebaut, und die Fähigkeit, etwas zu erschaffen und sich etwas vorzustellen, ist im täglichen Leben der Kinder sehr präsent.

Damit das kreative Potenzial des Kindes in der Zeit der größten Gehirnintensität entwickelt und verbessert werden kann, ist es notwendig, vielfältige Anreize in einer Umgebung zu bieten, in der das Kind freie Ausdrucks- und Vorstellungskraft entwickeln kann, sowohl in der Schule als auch in außerschulischen Einrichtungen.

Kreativität ist eine Fähigkeit und kann aus diesem Grund entwickelt und verbessert werden. Dies ist ein wichtiges Potenzial, nicht nur für das Leben des Kindes, sondern auch für die Tätigkeiten von Erwachsenen. Ausgehend von der Kreativität werden im Leben eines Menschen verschiedene andere Kompetenzen aufgebaut, die ihn zu einem produktiven, reflektierenden, hinterfragenden Menschen und vor allem zu einem Protagonisten seines eigenen Wissens machen:

"Die Entwicklung des kreativen Potenzials ist eine differenzierte und eine aktuelle Notwendigkeit. Durch die Stimulierung" heute "der Kreativität der Kinder, Studenten, ist ein kreativer, produktiver, hinterfragender, realisierter und geschätzter Fachmann in" morgen "(ROCHA, 2014, S.194) garantiert.

# KAPITEL 5

## Referenzen

ALMEIDA, G.P. Plasticidade Cerebral e Aprendizagem. In: Marta Pires Relvas, **Que cérebro é esse que chegou a escola?** Rio de Janeiro, Wak Editora, 2014. 44.

ALMEIDA, G.P. Plasticidade Cerebral e Aprendizagem. In: Marta Pires Relvas, **Que cérebro é esse que chegou a escola?** Rio de Janeiro, Wak Editora, 2014. 50.

ALVARENGA, G.P.M. **Homem, Animal de Duas Cabeças.** Editora: Nd, 2007. 169.

ANTUNES, C. **Estímulo da Inteligência Infantil na Escola e no Lar.** São Paulo: Paulus, 2013. 12

ANTUNES, C. **Estímulo da Inteligência Infantil na Escola e no Lar.** São Paulo: Paulus, 2013. 34.

ANTUNES, C. Jogos para a Estimulação das Múltiplas Inteligências. São Paulo, Editora Vozes, 1998. Apostila.

CHABOT, D.; CHABOT, M. **Pedagogia Emocional Sentir para Aprender.** São Paulo: Sá Editora, 2005.

**Construindo a excelência em gestão escolar: curso de aperfeiçoamento**: Módulo VIII - O impacto da neurociência na sala de aula / Secretaria de Educação. - Recife: Secretaria de Educação do Estado, 2012. Apostila

Desarrollo y Aprendizaje Infantil Temprano desde el Centro de Salud, Chile, Apostila.

FILHO, A.N. **FundamentosNeuropsicológicosda Aprendizagem.** Instituto Tecnológico de Desenvolvimento Educacional. Apostila. 19.

FILHO, A.N. **FundamentosNeuropsicológicosdaAprendizagem.**

Instituto
Tecnológico de Desenvolvimento Educacional. Apostila. 20.

GUERRA, L.B. Como as neurociências contribuem para a Educação Escolar, **Fundação Guimarães Rosa**, v.4, n.5, 2010.10.

http://www.icb.ufmg.br/labs/lpf/revista/revista2/sobrevoo/cap2_2.htm. Zugriff am 15/12/2014.

LIMA, E.S. Neurociência e Curriculum, **Presença Pedagógica**, v.18, n.107. 44. 2012.

MAGALHÃES, S. O Jogo no Contexto Escolar Diante da Dificuldade de Aprendizagem. In: Marta Pires Relvas, **Que cérebro é esse que chegou a escola?** Rio de Janeiro, Wak Editora, 2014. 86-87.

NICOLAU, M. **Introdução a Criatividade.** João Pessoa, Ideia, 1994. 27.

NUNES, C. Cérebro: Rede de Energia. In: Marta Pires Relvas, **Que cérebro é esse que chegou a escola?** Rio de Janeiro, Wak Editora, 2014. 109.

NUNES, C. Cérebro: Rede de Energia. In: Marta Pires Relvas, **Que cérebro é esse que chegou a escola?** Rio de Janeiro, Wak Editora, 2014. 111.

OATES, J. *et al.* **El cerebro en desarrollo**. Reino Unido. Cambrian Printers, 2012

PEREIRA, M.S.C. Cérebro e Educação - Aspectos que perpassam nas Teorias da Aprendizagem. In: Marta Pires Relvas, **Que cérebro é esse que chegou a escola?** Rio de Janeiro, Wak Editora, 2014. 153.

PEREIRA, M.S.C. Cérebro e Educação - Aspectos que perpassam nas Teorias da Aprendizagem. In: Marta Pires Relvas, **Que cérebro é esse que chegou a escola?** Rio de Janeiro, Wak Editora, 2014. 154.

ROCHA, D.L.C. Neurociência e Criatividade. In: Marta Pires Relvas, **Que cérebro é esse que chegou a escola?** Rio de Janeiro, Wak Editora, 2014. 176-177

ROCHA, D.L.C. Neurociência e Criatividade. In: Marta Pires Relvas, **Que cérebro é esse que chegou a escola?** Rio de Janeiro, Wak Editora, 2014. 190

ROCHA, D.L.C. Neurociência e Criatividade. In: Marta Pires Relvas, **Que cérebro é esse que chegou a escola?** Rio de Janeiro, Wak Editora, 2014. 1

# KAPITEL 6

**Anlage**

EC NEUROLOGY

Opinion

## Neurowissenschaften und
## Gehirnentwicklung bei Kindern

**Daniela Silva\***

*Ehrenamtliche Mitarbeiterin, entwickelt und recherchiert Bildungsmaterial für NHEG-Websites, Zeitschriften und Lehrmaterial, Buchautorin für NHEG, The*

*New Heights Educational Group, Inc. und Ressourcen- und Alphabetisierungszentrum, Brasilien*

\*Zutreffende Autorin: Daniela Silva, Volontärin, entwickelt und recherchiert Bildungsmaterial für NHEG-Websites, Zeitschriften und Lehrmaterial, Buchautorin für NHEG, The New Heights Educational Group, Inc, Resource and Literacy Center, Brasilien.

**Eingegangen:** February 23, 2018; **Published:** March 09, 2018

Die technologischen Fortschritte in der Neurowissenschaft haben es den Wissenschaftlern ermöglicht, Studien über das menschliche Gehirn zu entwickeln und durchzuführen, insbesondere in den ersten sechs Jahren der kindlichen Entwicklung. Dieser Zeitraum ist eine Phase größerer Plastizität, d. h. der Fähigkeit des Gehirns, sich bei jeder neuen Erfahrung oder beim Lernen durch die zahlreichen Verbindungen zwischen den Neuronen zu verändern.

In der Praxis bedeutet das, dass das Gehirn durch die Plastizität seine Struktur und seine Abläufe verändert und auf diese Weise neue Kenntnisse und Fähigkeiten für das Leben des Kindes schafft. Bei der Neuroplastizität ist das Gehirn in der Lage, seine physische Struktur, seine Chemikalien und seine Funktion zu verändern. Dies geschieht durch die Erfahrungen und Reize, auf die das Kind in seiner Interaktion mit der Umwelt reagiert.

Von der Geburt an entwickelt sich das Gehirn des Kindes schnell und effektiv. In dieser Zeit beginnt die neuropsychomotorische Entwicklung mit dem Erlernen der Bewegungen von Kopf, Armen, Händen, Beinen und Füßen. Das Kind wird fähig, Gegenstände zu berühren und zu handhaben sowie durch die Interaktion mit der Umwelt die Fähigkeit zum Sprechen zu entwickeln.

In dem Maße, in dem das Kind interagiert und soziale Kontakte knüpft, werden Sie in Ihr Repertoire an Errungenschaften, neuen Lehrstellen und Erfolgen integriert.

Die ersten Schritte bringen dem Kind ein Universum von Neugier und ersten Entdeckungen. Die Bewegung wird zu einem Instrument der Interaktion und Sozialisierung für kleine Kinder, die mit dem richtigen Anreiz (je nach Alter) die Möglichkeit haben, ihre Koordination und körperlichen Fähigkeiten zu entwickeln. Beim Bewegen lernt das Kind die Welt und seine Bedürfnisse kennen und kann bei jeder neuen Entdeckung seine eigenen Reaktionen und Gefühle ausdrücken.

Mit 2 Jahren hat das Kind die Fähigkeit erlangt, sich mit Armen und Beinen frei zu bewegen, mit wachsender körperlicher Kraft. Das Kind ist in der Lage, mit anderen Kindern in Kontakt zu treten und verschiedene Objekte zu unterscheiden, indem es Spielzeuge und Materialien seiner Vorliebe angibt. Dies ist eine gute Gelegenheit, die körperlichen, manuellen und sozialen Fähigkeiten zu fördern, mit Freizeitaktivitäten in der Gruppe und dem Umgang mit kleinen Musikinstrumenten. In diesem Alter beginnt das Kind, Selbstbeherrschung zu entwickeln, und daher ist dies eine gute Gelegenheit für Eltern, dem Kind in einfacher Sprache zu vermitteln, was richtig und was falsch ist, und zwar anhand von Beispielen, die das Kind im Alltag erlebt. Der Umgang mit Frustration und die Entwicklung von Grenzen mit klaren Erklärungen sind wichtige Lektionen in diesem Lebensabschnitt, wenn das Kind lernt, in der Gruppe zu spielen und mit anderen Kindern auszukommen.

Das Dreijährige bringt die Entwicklung der Feinmotorik, d.h. die Fähigkeit, die kleinen Muskeln des Körpers zu benutzen und zu kontrollieren, wie z.B. einen Bleistift zu halten, um zu zeichnen, mit Geschichtenbüchern umzugehen, ein Papier zu schneiden oder zu reißen, ein Hemd zu tragen oder zuzuknöpfen. In dieser Phase können die Eltern die Autonomie und die Selbstpflege des Kindes fördern, indem sie es ermutigen, seine persönlichen Gegenstände zu organisieren und Hygienegewohnheiten für den eigenen Körper zu entwickeln. Die Sprache des Kindes wächst mit der Vergrößerung des Wortschatzes und dem Erwerb neuer Ausdrücke. Aus diesem Grund sollten die Eltern ihr Kind ermutigen, mit ihnen und anderen Kindern zu sprechen und zu interagieren. Aktivitäten wie das Zuhören und Erzählen von Geschichten und das Singen von Liedern helfen bei der Entwicklung der mündlichen Sprache.

Zwischen dem vierten und sechsten Lebensjahr zeigt das Kind Interesse an Phantasiespielen und Freizeitaktivitäten mit anderen Kindern. Dies ist die ideale Phase für die Ausbildung sozialer Fähigkeiten wie Einfühlungsvermögen, Kooperation, Vertrauen, Solidarität und Respekt vor anderen. In dieser Phase lernt das Kind, Entscheidungen zu treffen und eine

Auswahl zu treffen, z. B. zu verstehen, welche Lebensmittel am besten für die Gesundheit sind, wie wichtig es ist, Regeln zu respektieren und zu befolgen, Selbstkontrolle zu entwickeln und die eigenen Gefühle zu kontrollieren.

Die Entwicklung der numerischen und sprachlichen Fähigkeiten ist in dieser Zeit intensiver. Das Kind ist in der Lage zu argumentieren, Probleme zu lösen, Mengen und Maße zu verstehen, Hypothesen zu entwickeln und mit Beispielen zu argumentieren. Spiele in Gruppen oder mit Regeln sind ideal für die Entwicklung sozialer Fähigkeiten. Brettspiele, bei denen die Kinder die Hindernisse zählen müssen, um das Ziel zu erreichen, sind wirksame Strategien zur Verbesserung der mathematischen Kompetenzen.

Wie wir sehen, wird das Kind mit einem großen Entwicklungs- und Lernpotenzial geboren, vor allem in den ersten sechs Lebensjahren, weil das Gehirn so plastisch ist, dass es wie ein Schwamm eine Vielzahl von Informationen und Wissen aufnehmen kann.

Der Schlüssel zu einer gesunden kindlichen Entwicklung liegt in der Bedeutung der Bereitstellung von Anreizen und Lernumgebungen, damit das Kind seine körperlichen, kognitiven, sozialen und affektiven Fähigkeiten entwickeln und verbessern kann. Diese Fähigkeiten werden durch die Erfahrungen, die das Kind in der Kindertagesstätte, der Vorschule, zu Hause, im Park, in der Natur oder durch die Beziehungen zu anderen Kindern und Erwachsenen macht, geübt und verstärkt.

**Jahrgang 10 Ausgabe 4 April 2018**

Milton Keynes UK
Ingram Content Group UK Ltd.
UKHW010850280324
440101UK00001B/133